"Quando un'immagine uccide la stessa allucinazione che concepisce, nasconde con pudore la poesia di cui è piena dietro la provvisoria eternità di un motel, dove si rifugiano anime perdute e anime perse, quando è tagliata stretta a rubare il meno possibile per immaginare tutto il resto, questa si chiama illusione.
L'illusione non ha tempo.
Può vivere oggi e dormire per anni per farsi poi accarezzare una notte con la forma che ci piace di più.
Se un'immagine genera un'illusione, poteva fare di più?"

Vincenzo Zeko Cartechini

Siamo carne, siamo sangue.
Potremmo possederci in una effimera illusione di vita, oppure mischiarci nella simbiosi che rende vero ogni istante.
Vero è il calore del sole, ora!
Vieni qui e non pensare a come asciugherai i tuoi capelli nei giorni di pioggia... per quello c'è tempo.

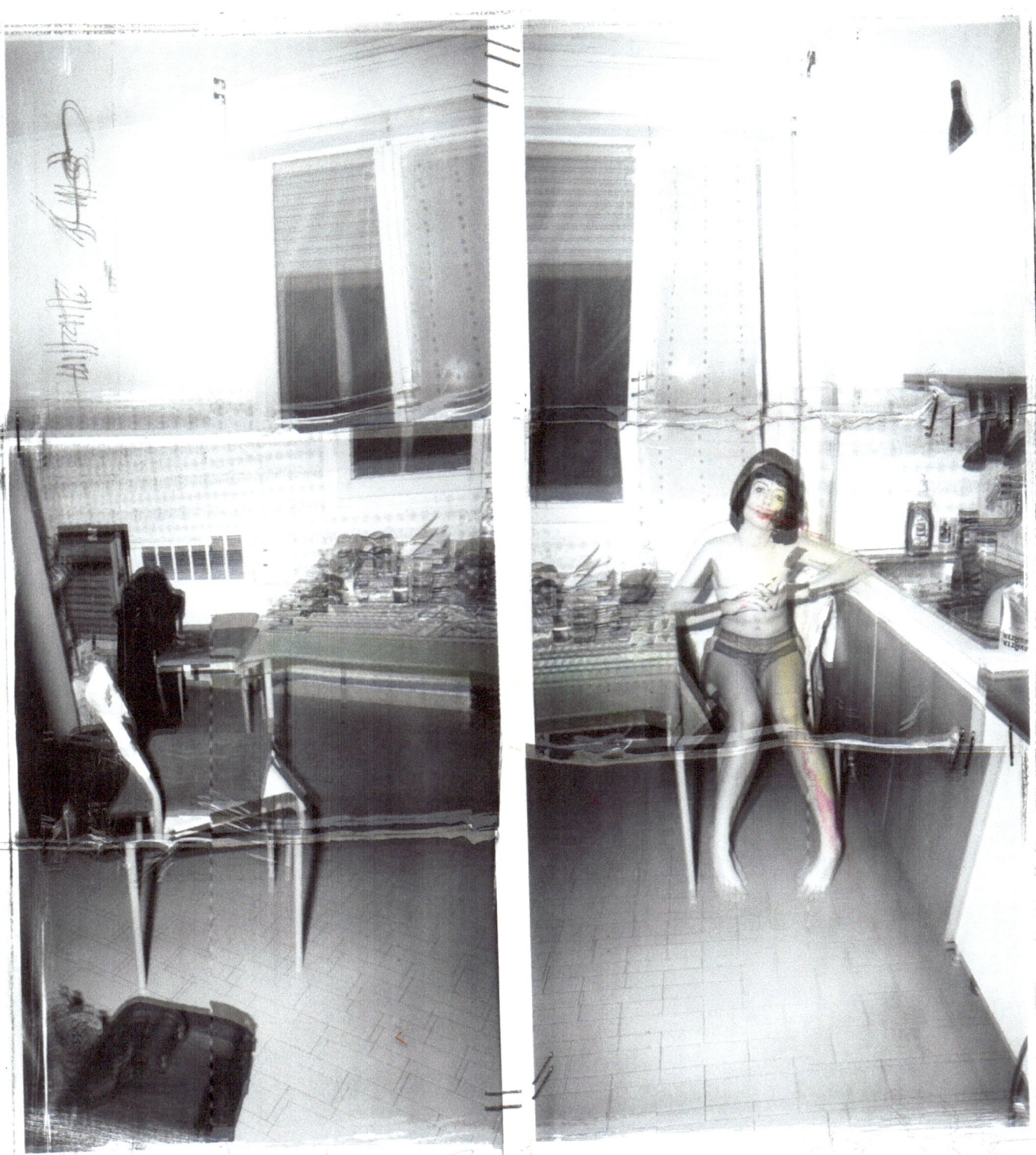

Fatti guardare...
Sapessi il dolore, a volte, come mi somiglia.

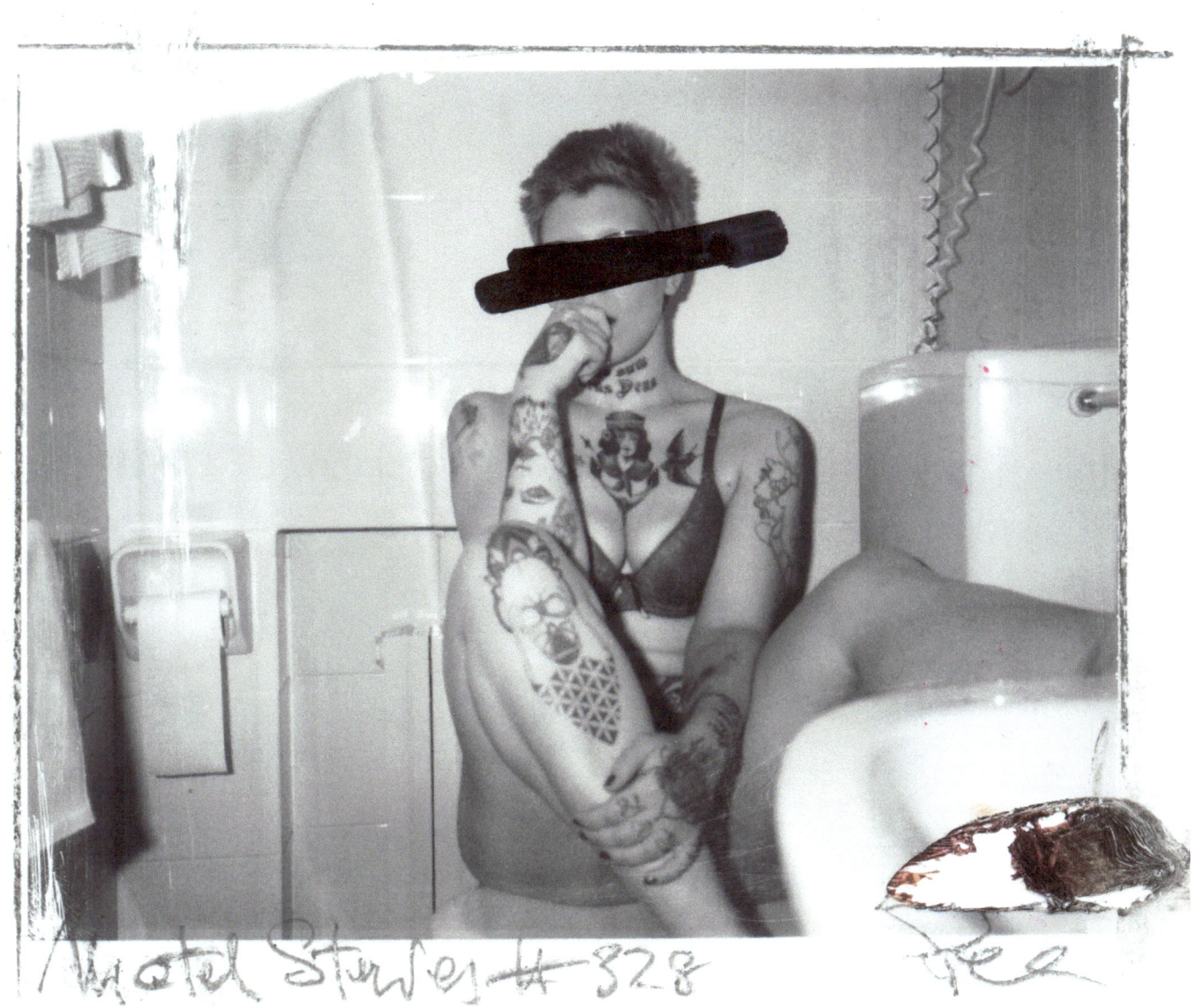

Ho fame di labbra e di un albergo caldo, asciutto:
Come dove il tuo fiato nacque.

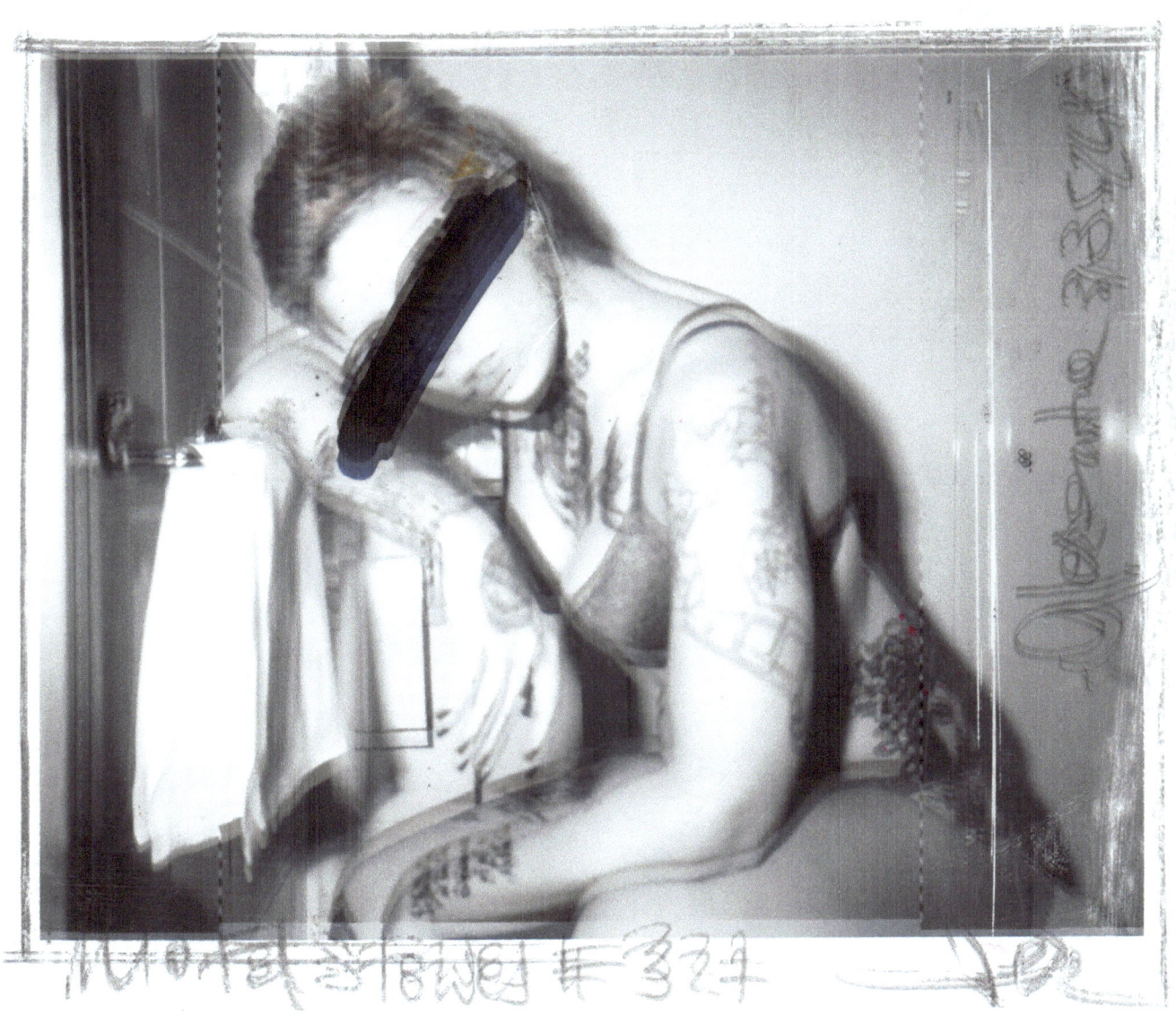

Non temere il momento senza parole, lei è lì.

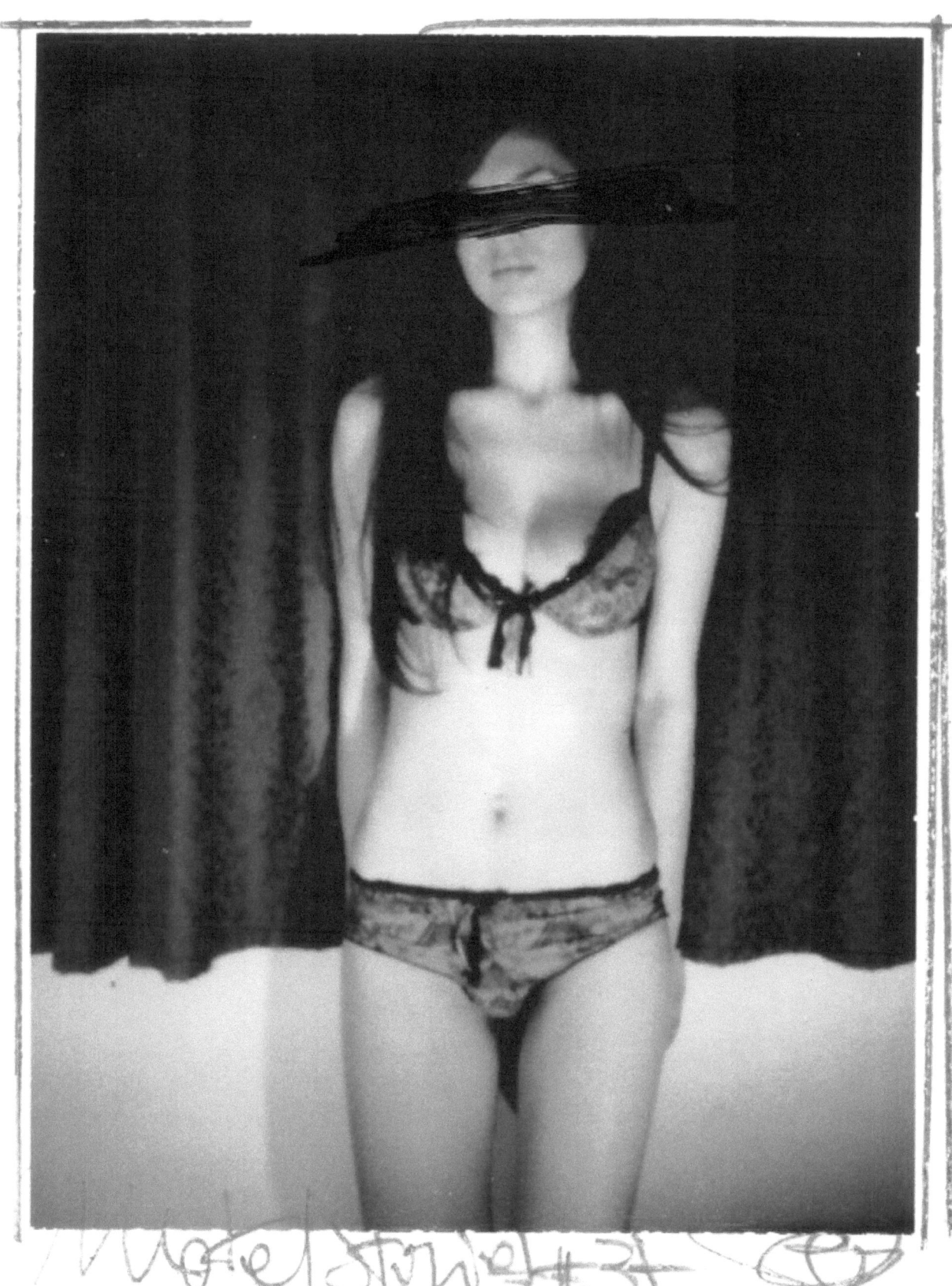

Ladra di certezze è la notte; pizzo nero e carta da parati, luci basse e pugni stretti sul cuscino:

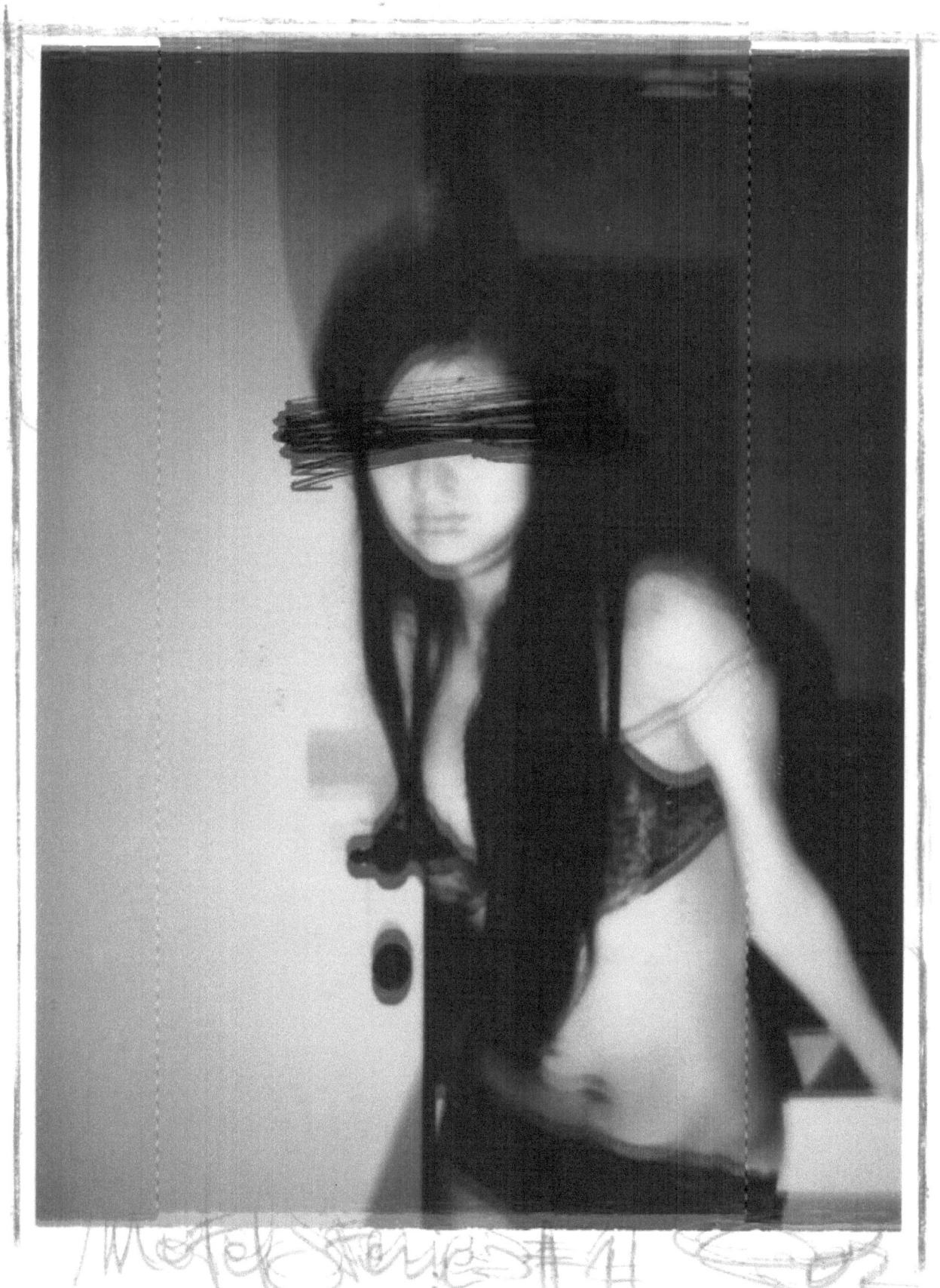

Una regina - così mi sentivo - con un cuscino come diadema.

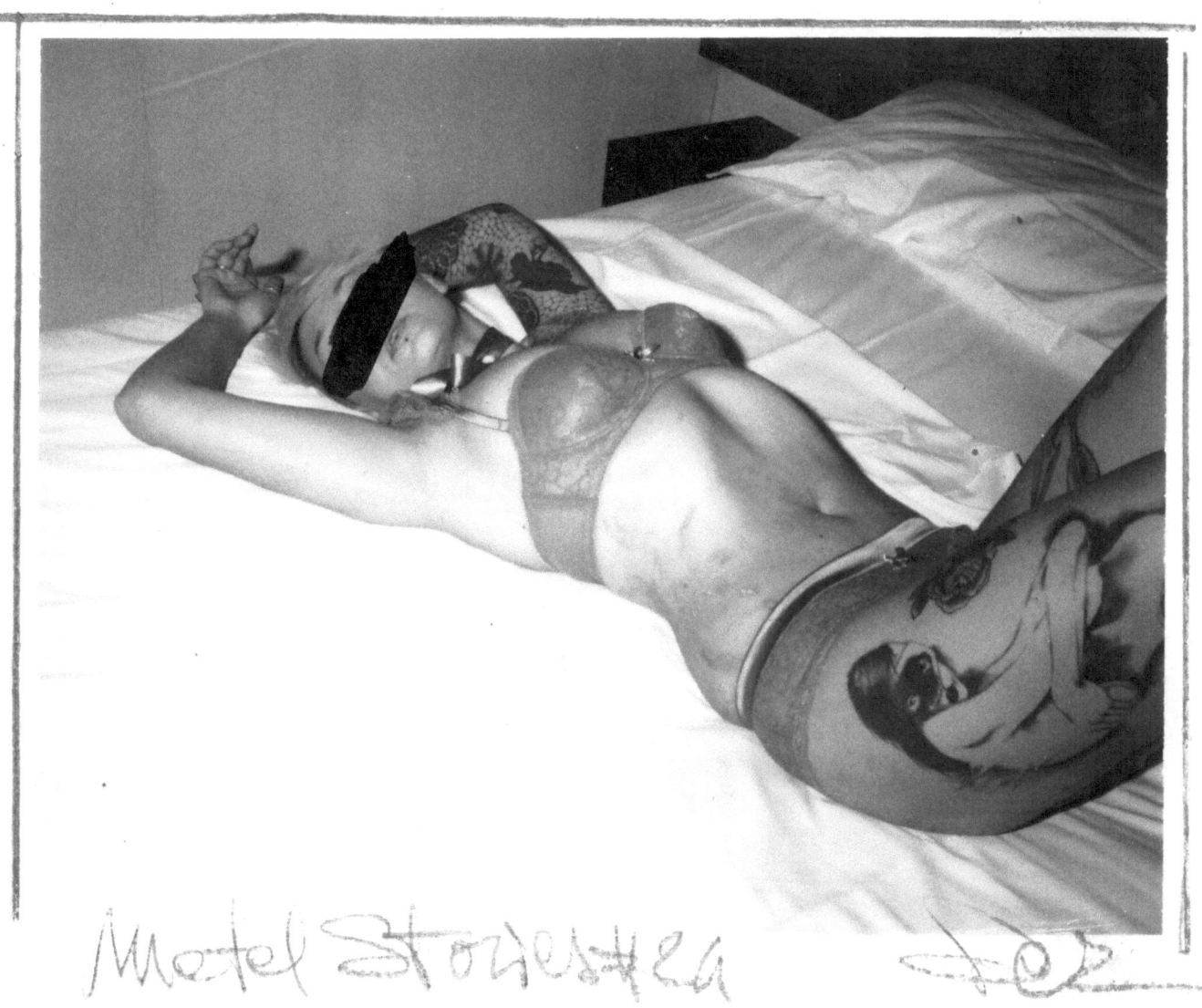

Motel Stories #2a

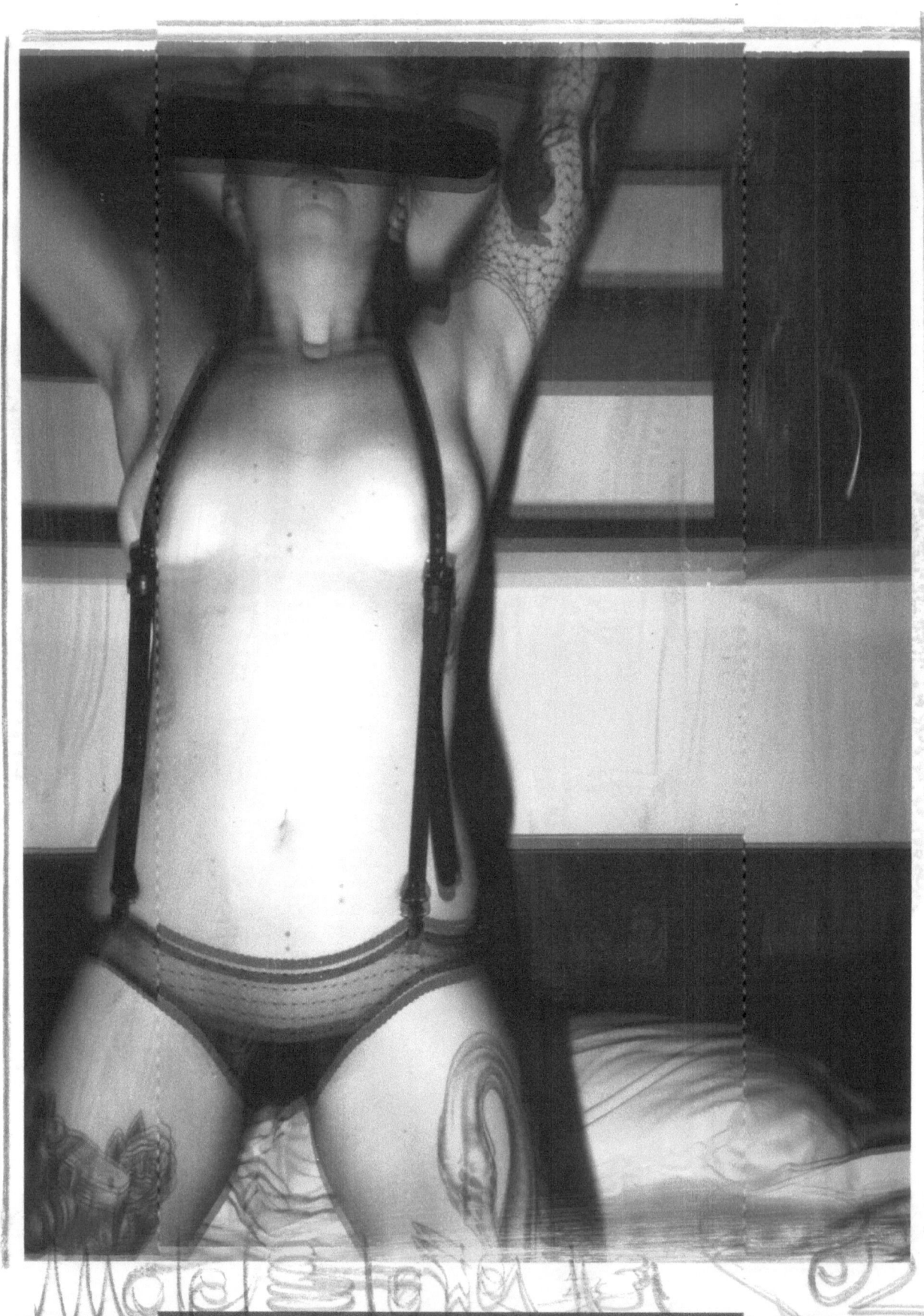

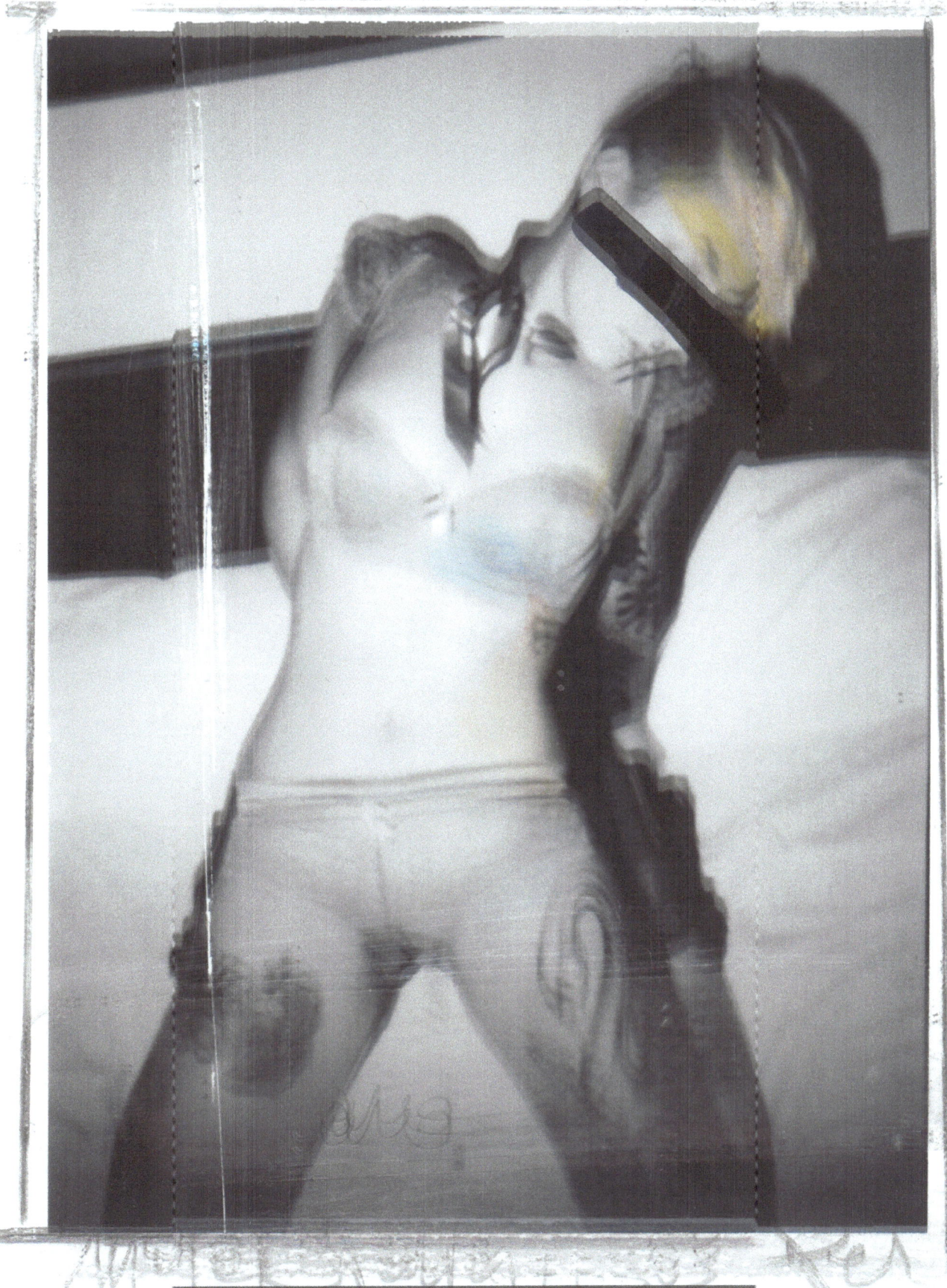

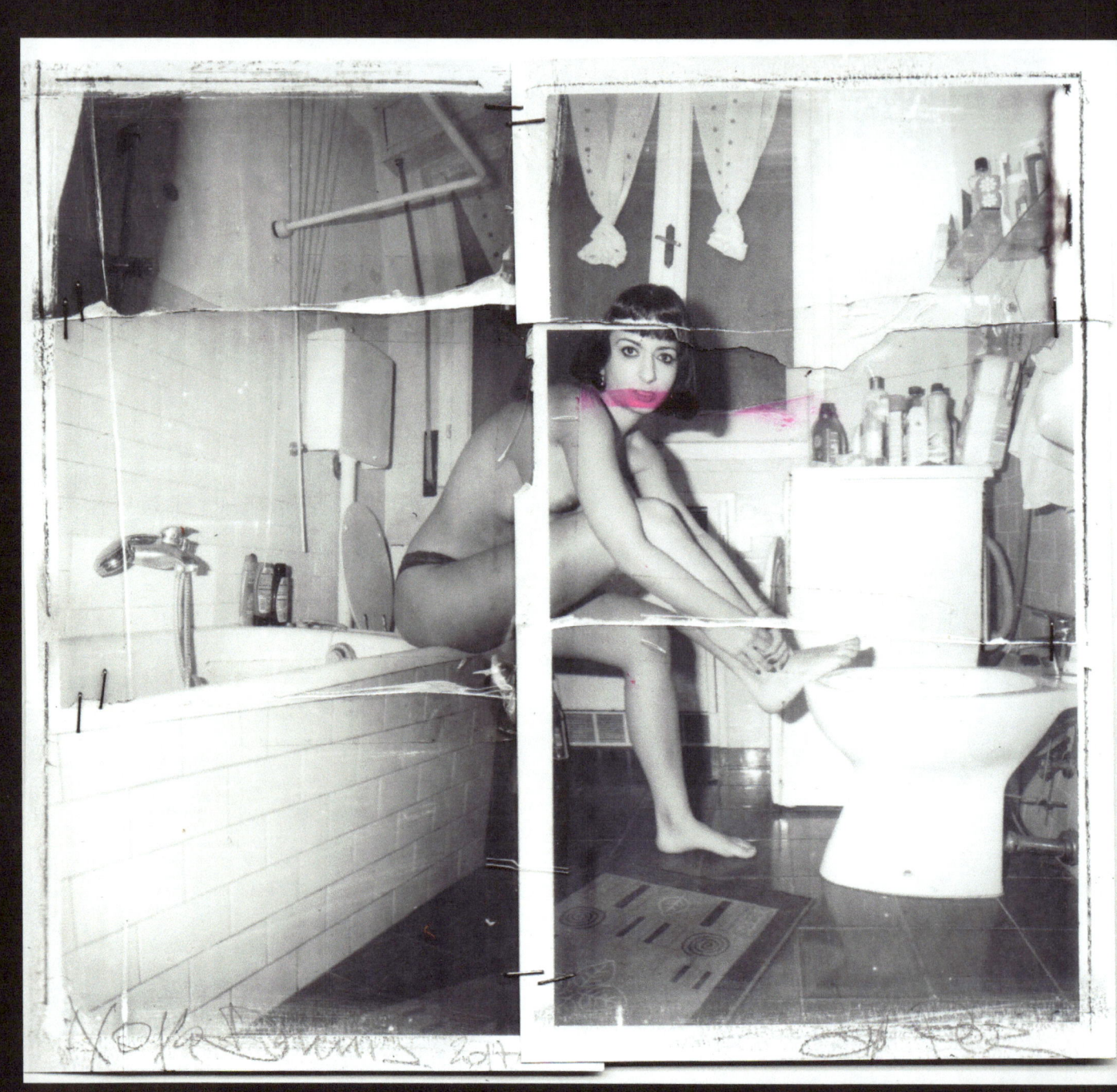

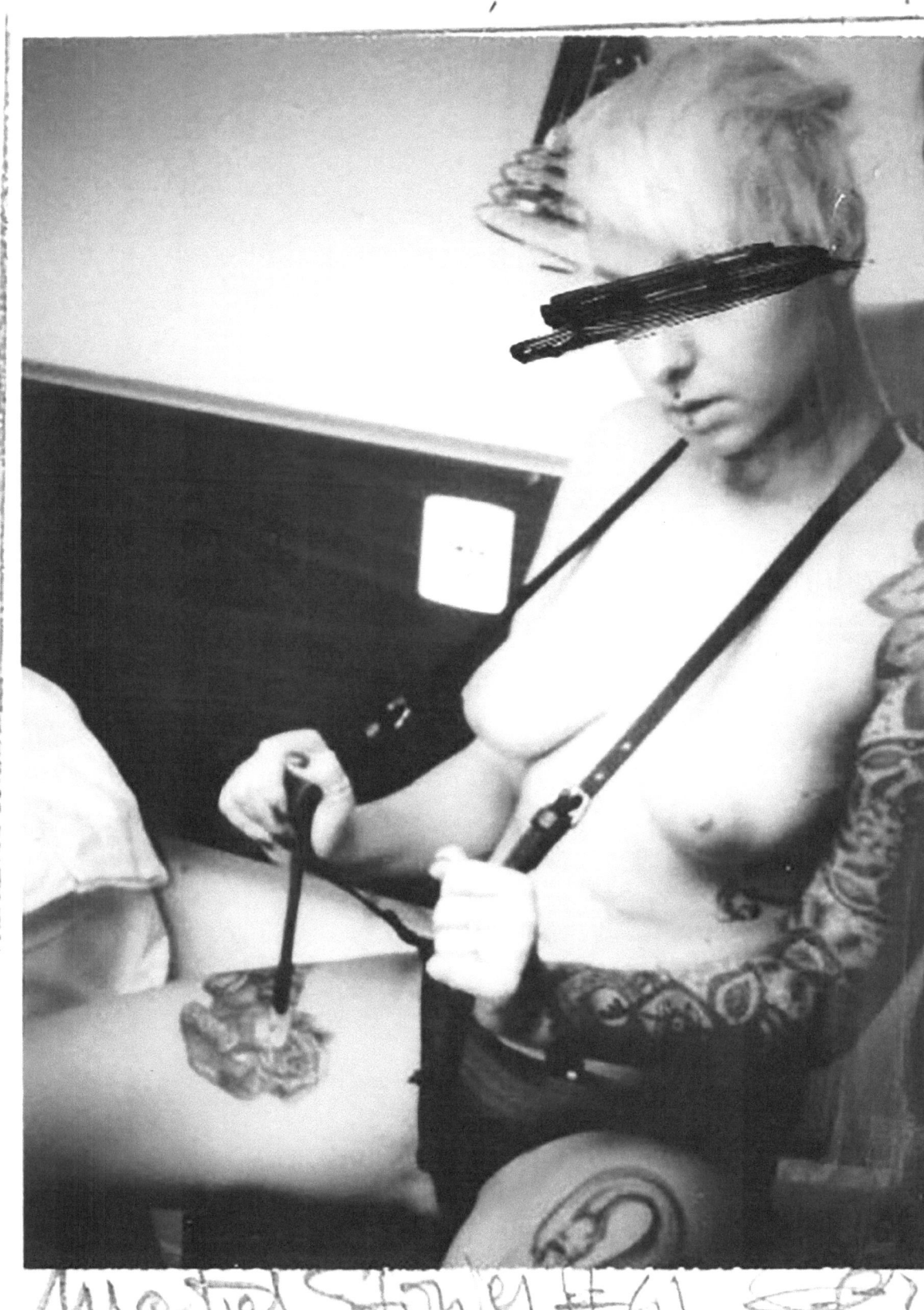

Conosceranno le dita, la tattile bellezza della natura?
Una volta ancora:

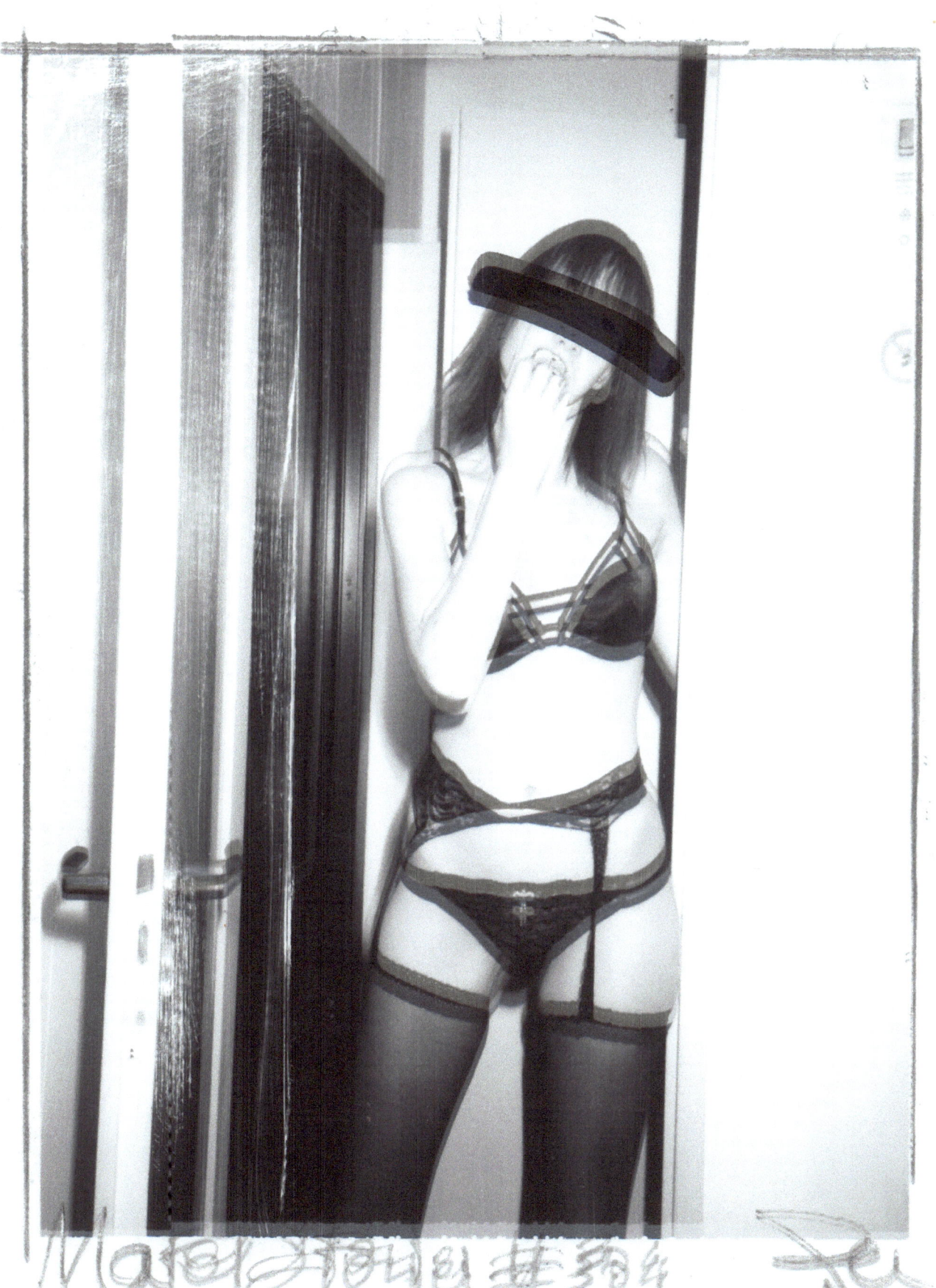

Lo sguardo è lucido, nella piena consapevolezza di chi conosce i molteplici aspetti dell'arte del nudo, soprattutto in funzione di un'estetica attraversata dall'innocenza di chi si pone domande, ma non formula giudizi. Una nota di voyeurismo, certamente, che accentua maggiormente l'erotismo e la bellezza estetica, la forza plastica e la delicatezza, l'analisi delle forme e l'espressivita' del corpi., che emergono da queste particolari ed insolite Polaroid elaborate totalmente a mano. L'aspetto fondamentale di questo lavoro effettuato intorno al corpo femminile sembra essere il rispetto assoluto della bellezza, intesa non solo come calamita in grado di attrarre lo sguardo del fruitore, ma anche, e soprattutto, come contenitore di un insondabile e metafisico mistero: quello della vita, con un pizzico di sanissima ironia.
(Elisabetta Dall'Olio)

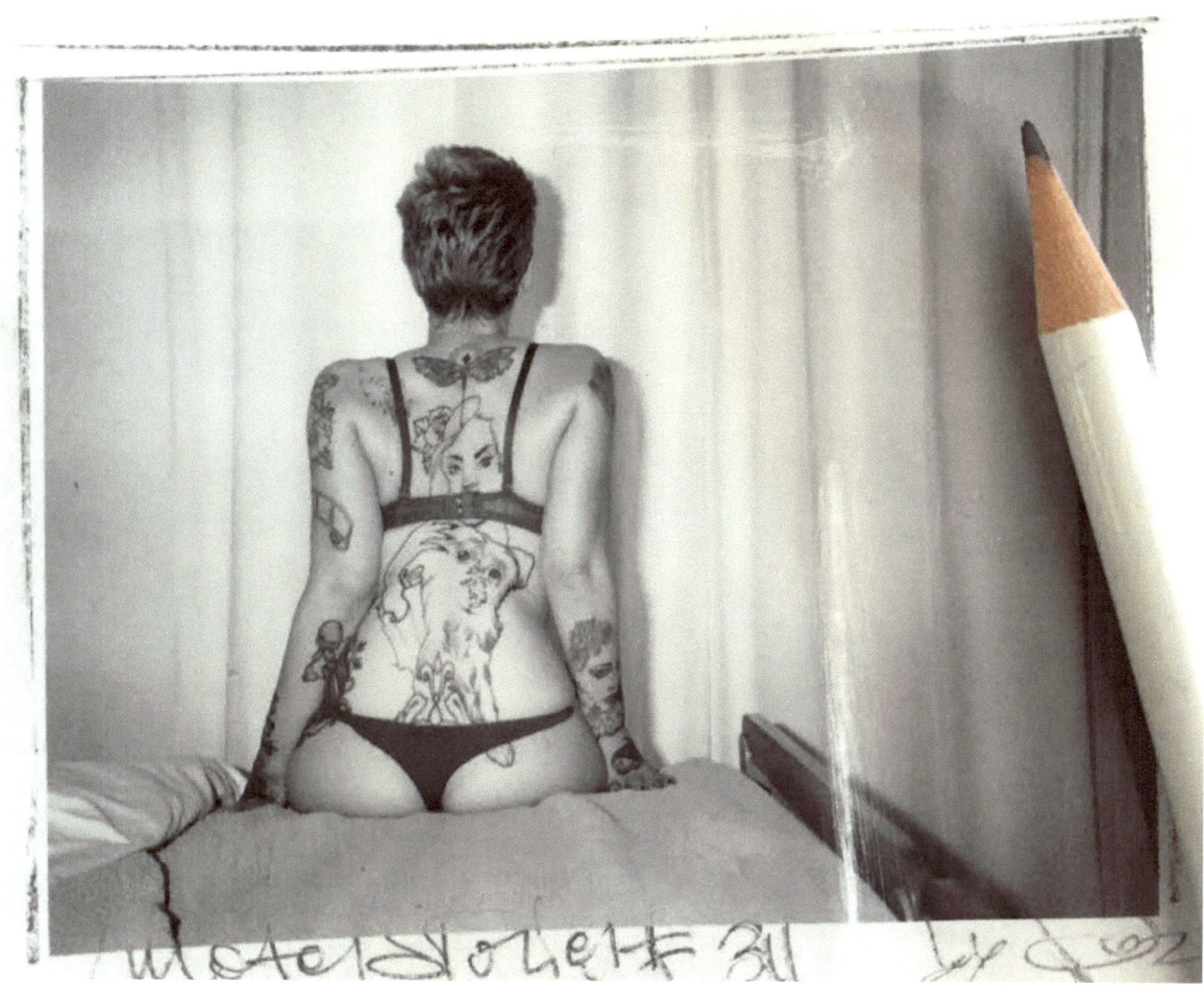

Vienimi vicino alla sera:
Apri le braccia:
Chiudi la porta:

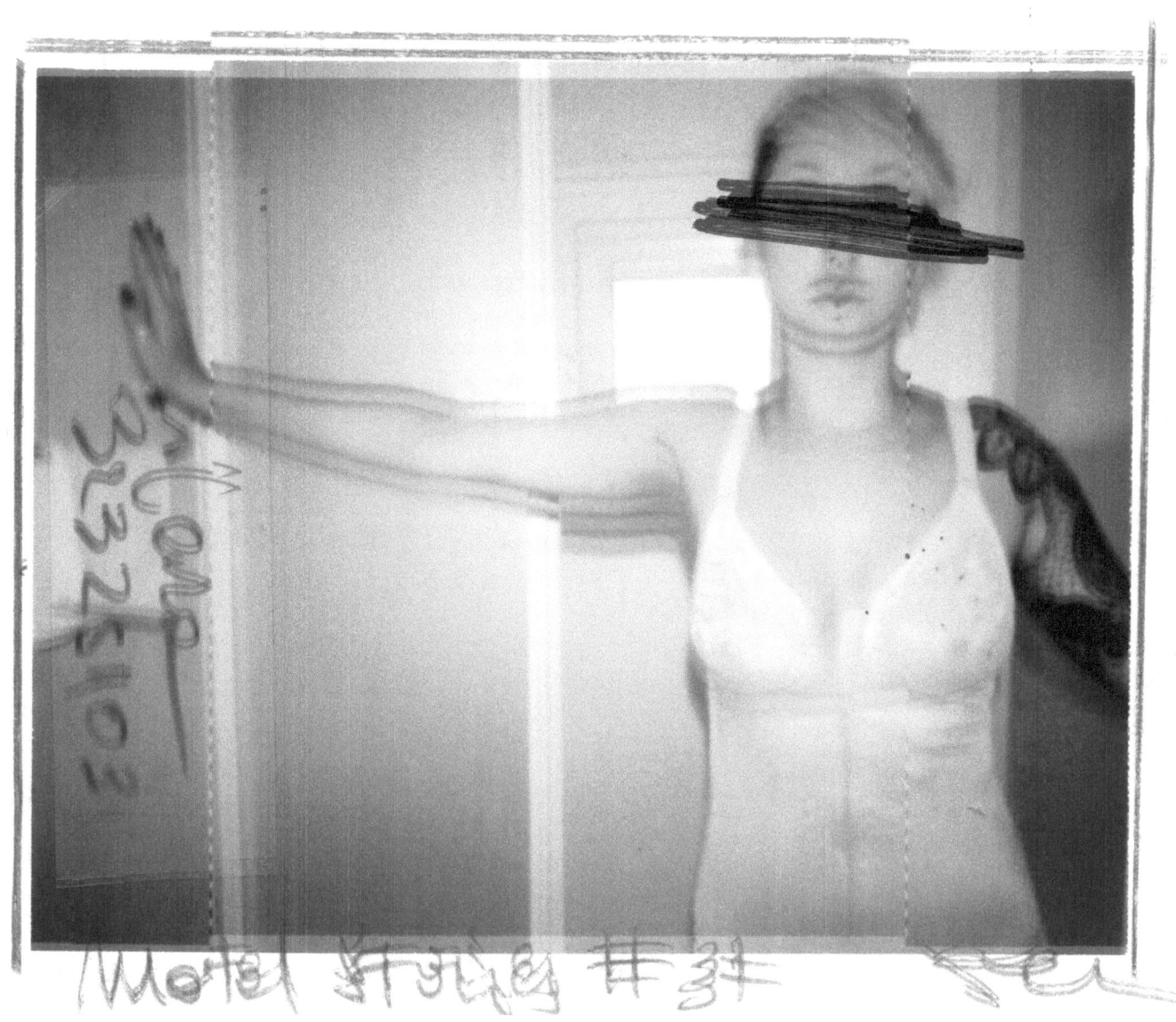

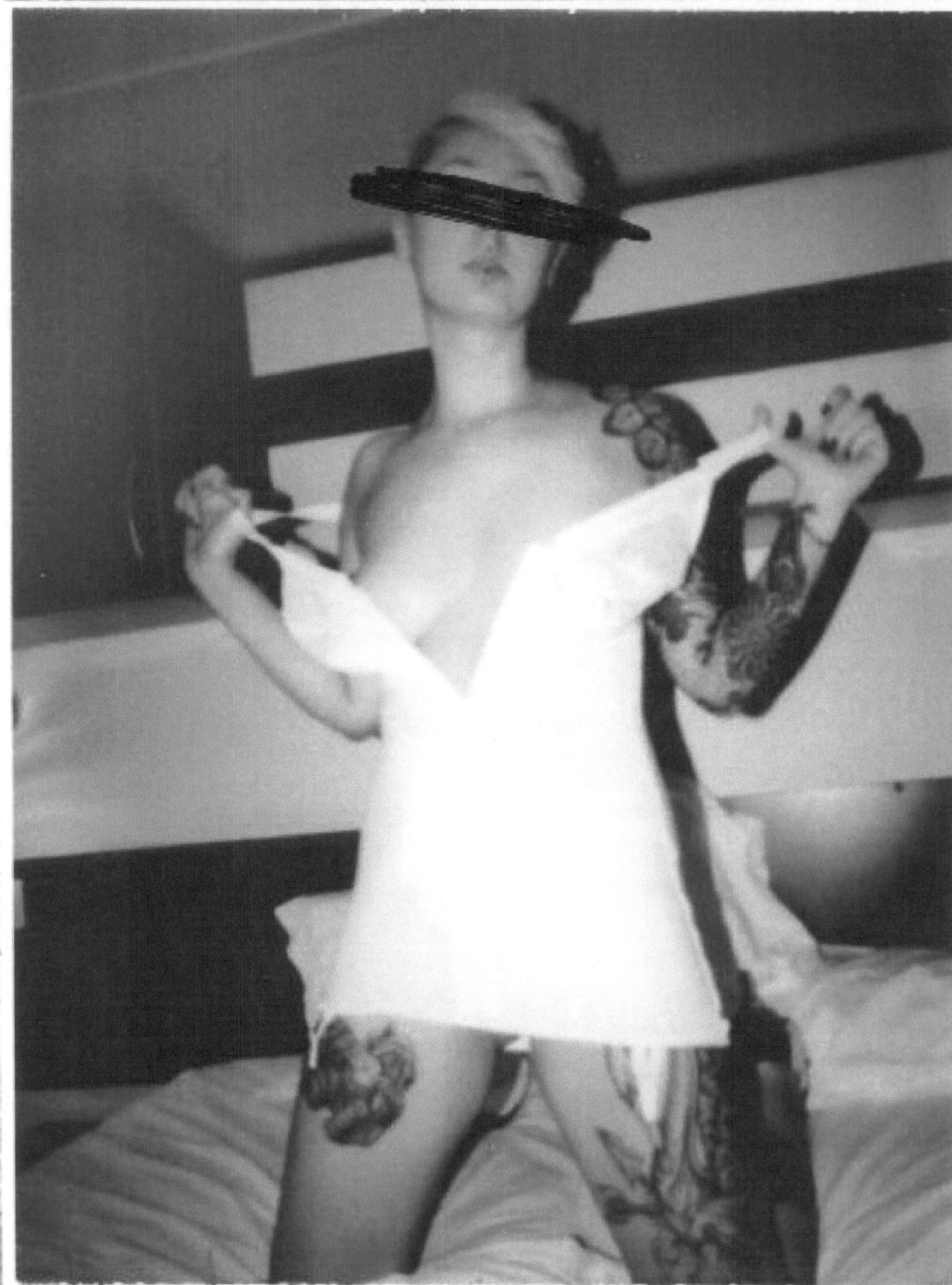

Motel Stories #11

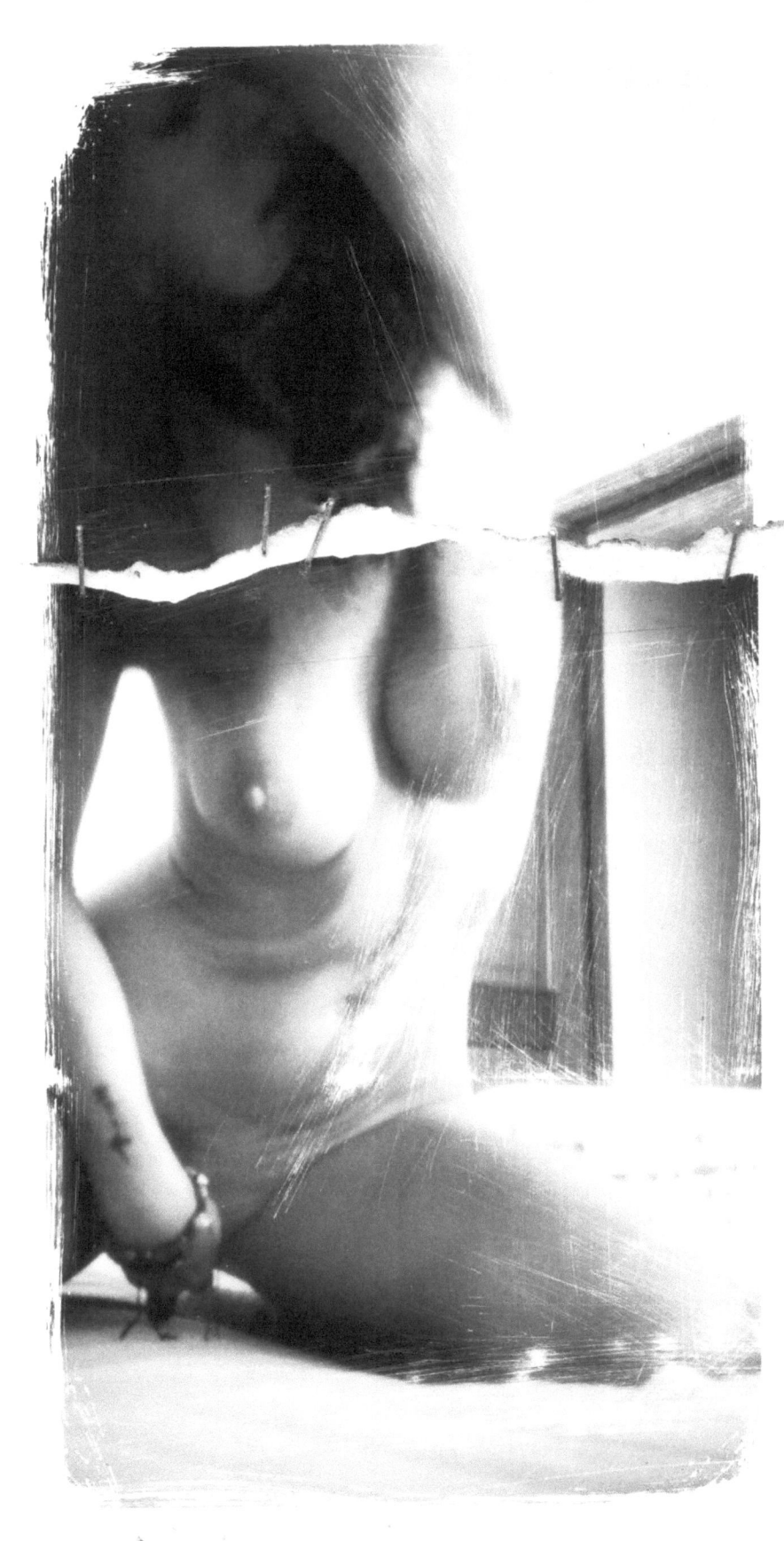

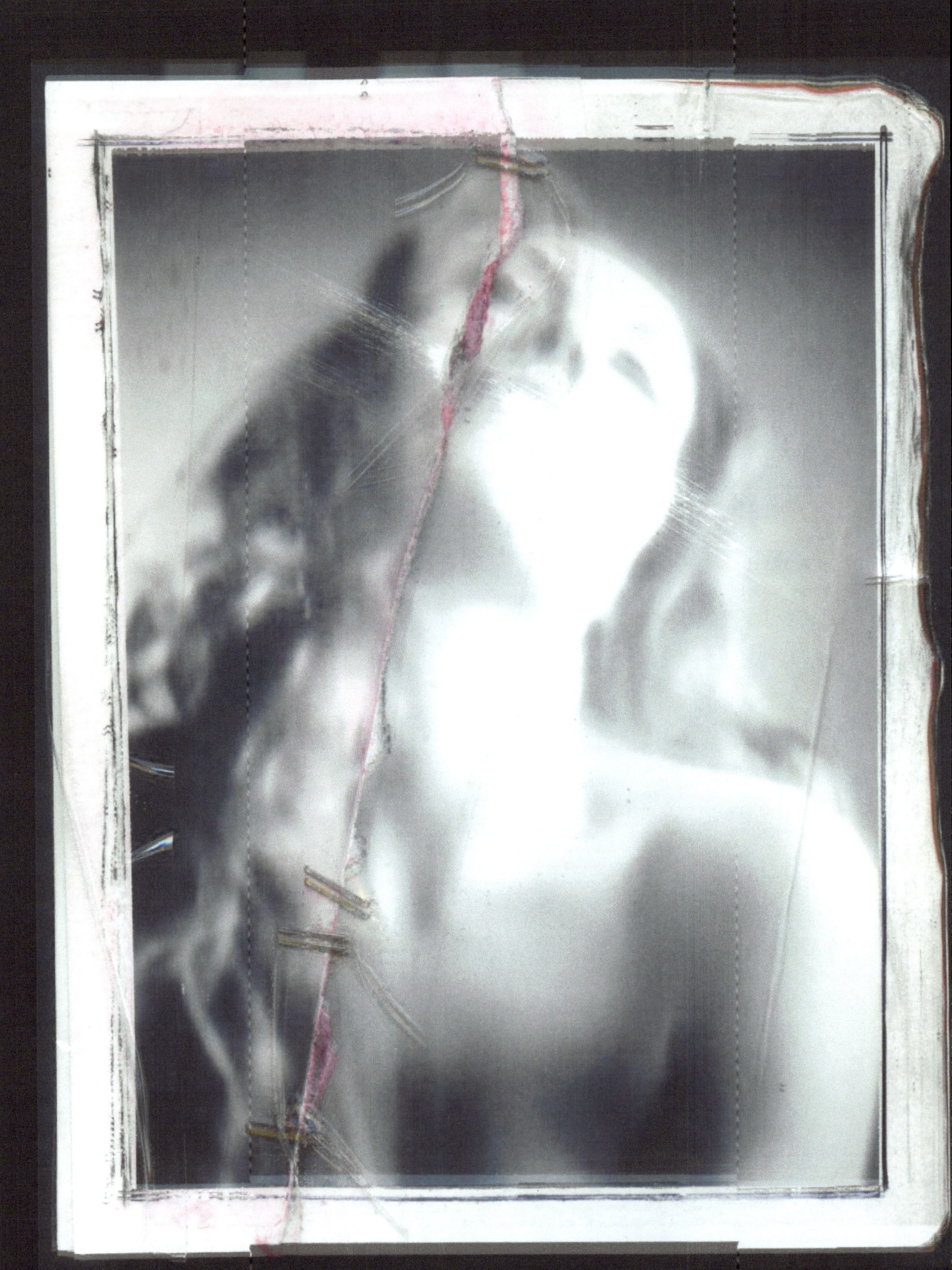

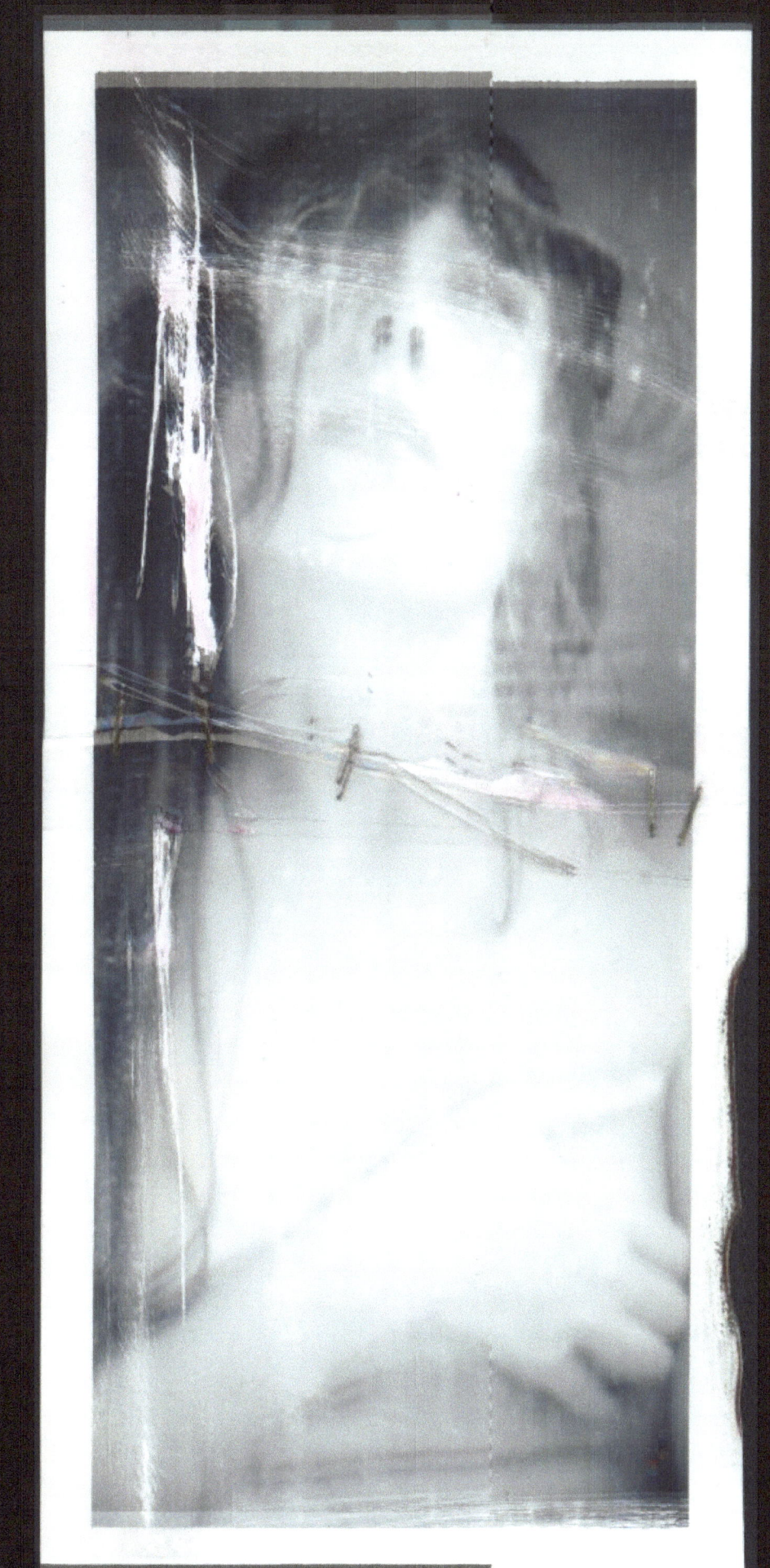

Ricordo il frigo bar e quelle lenzuola di terz'ordine.

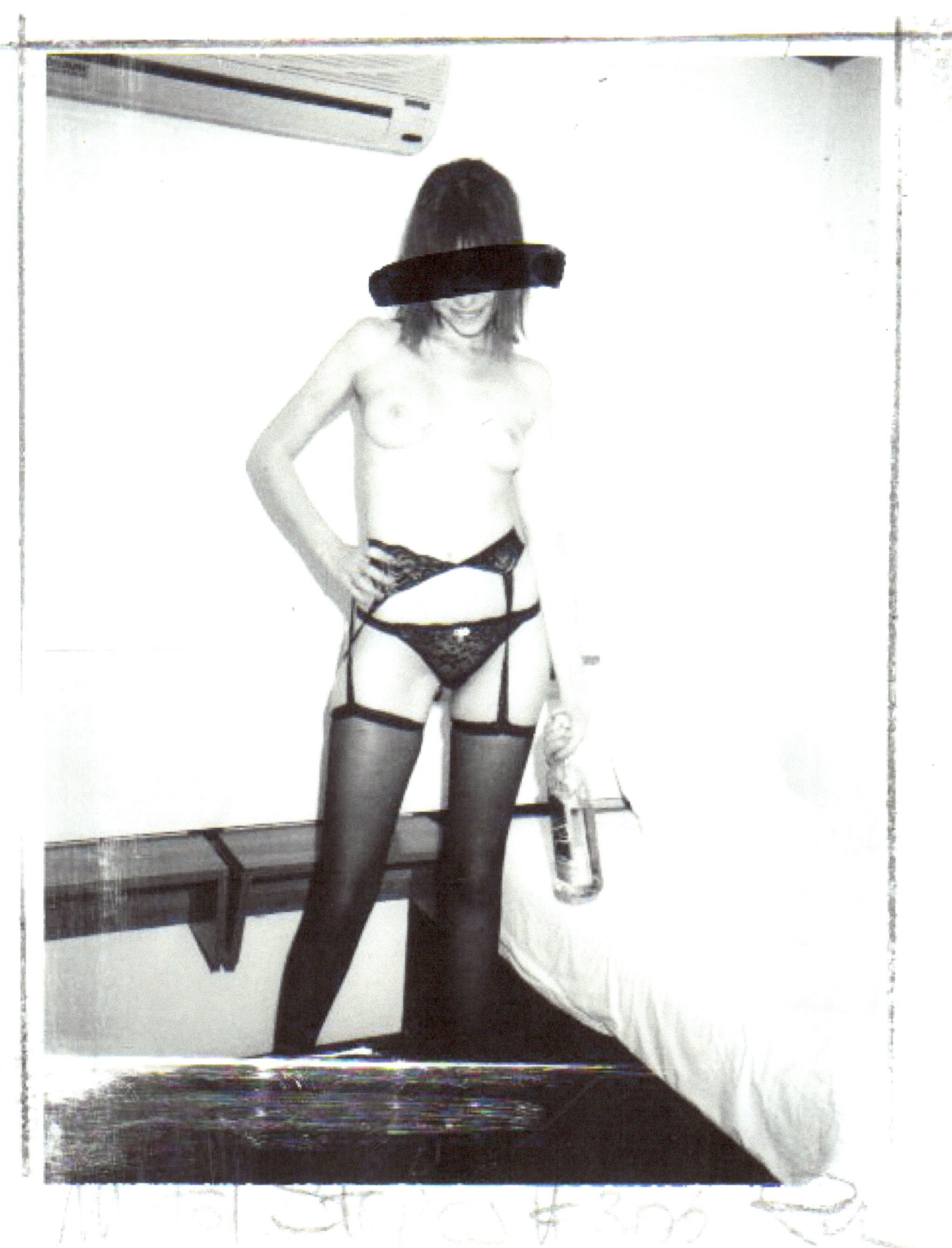

E in questa periferia di pelle, si apre l'aria:

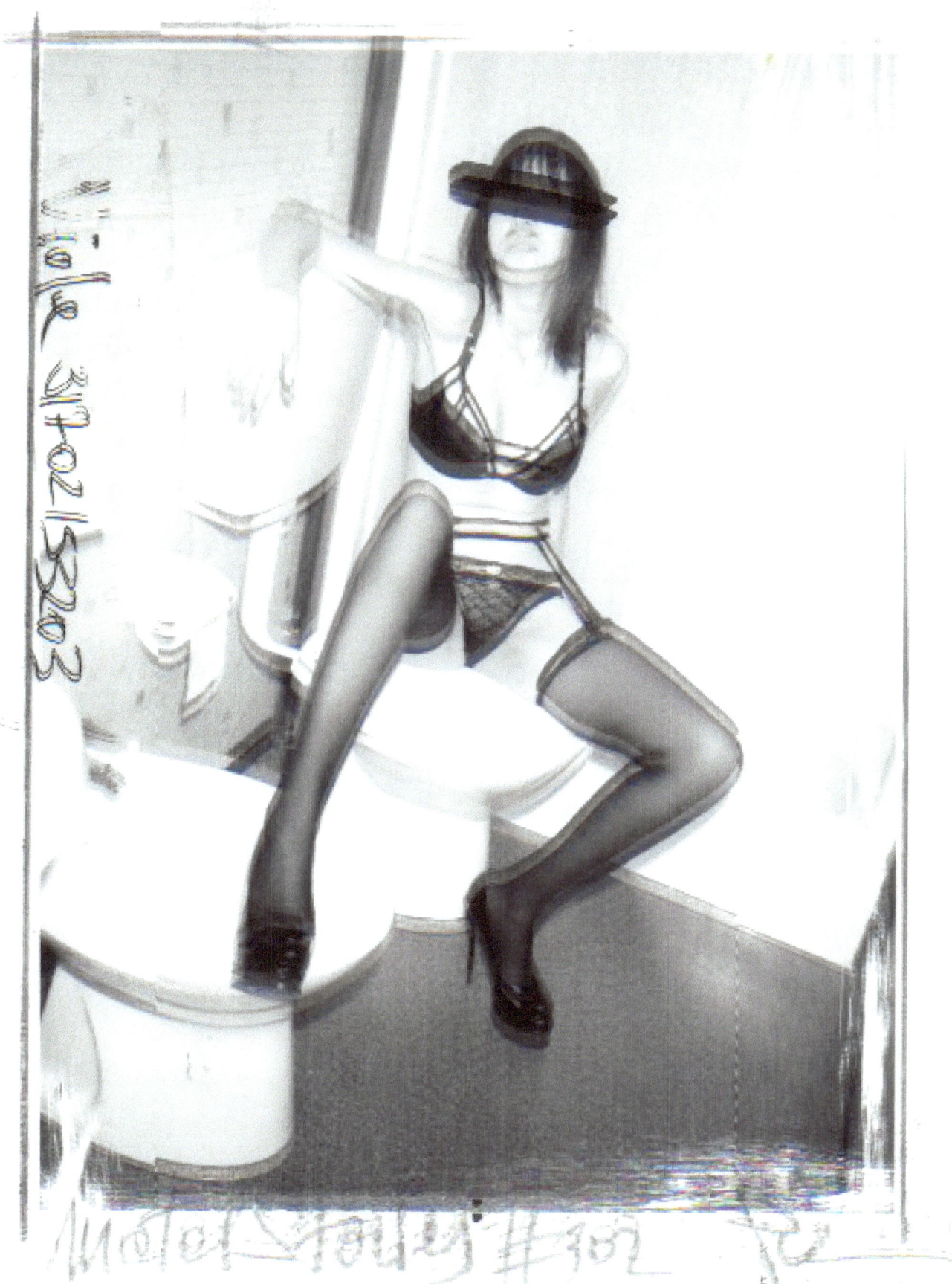

Con gli abiti,
senza gli abiti,
mi abiti.

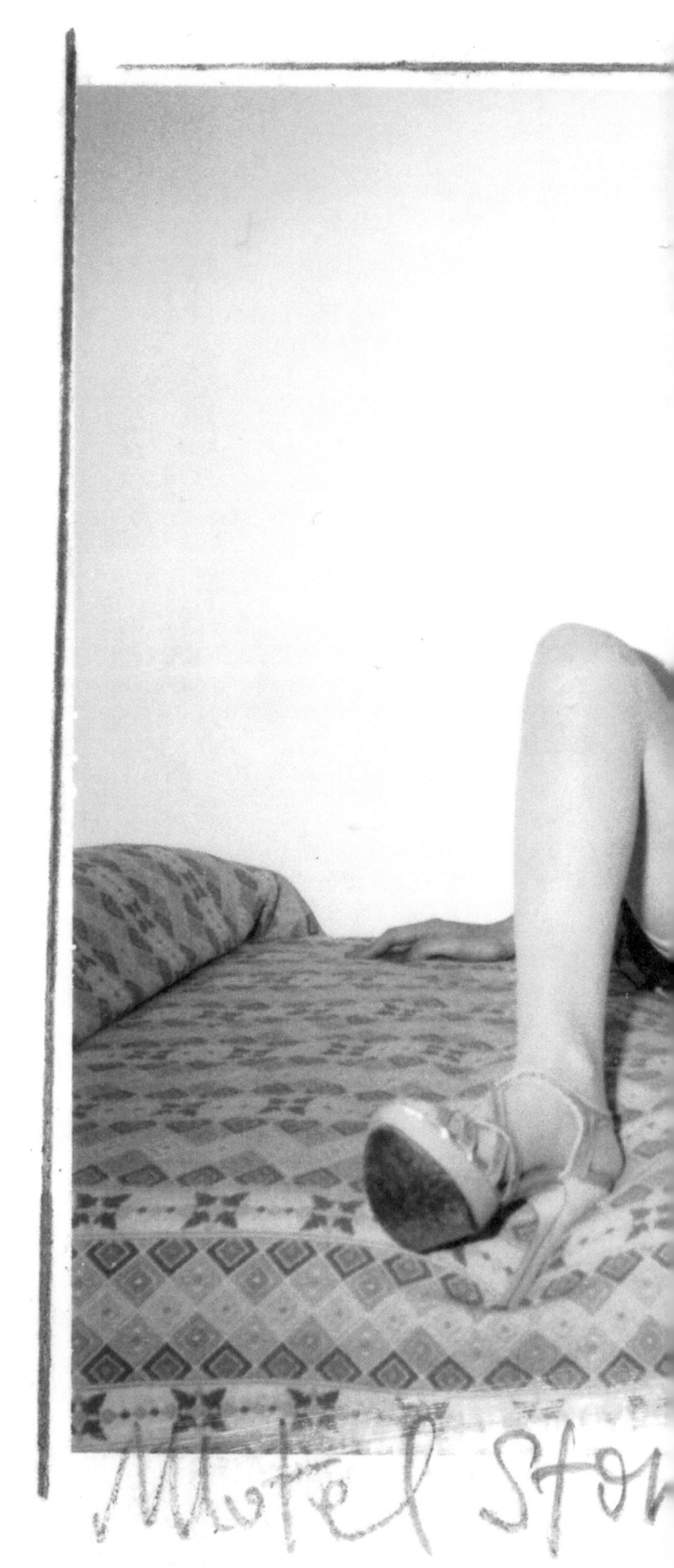

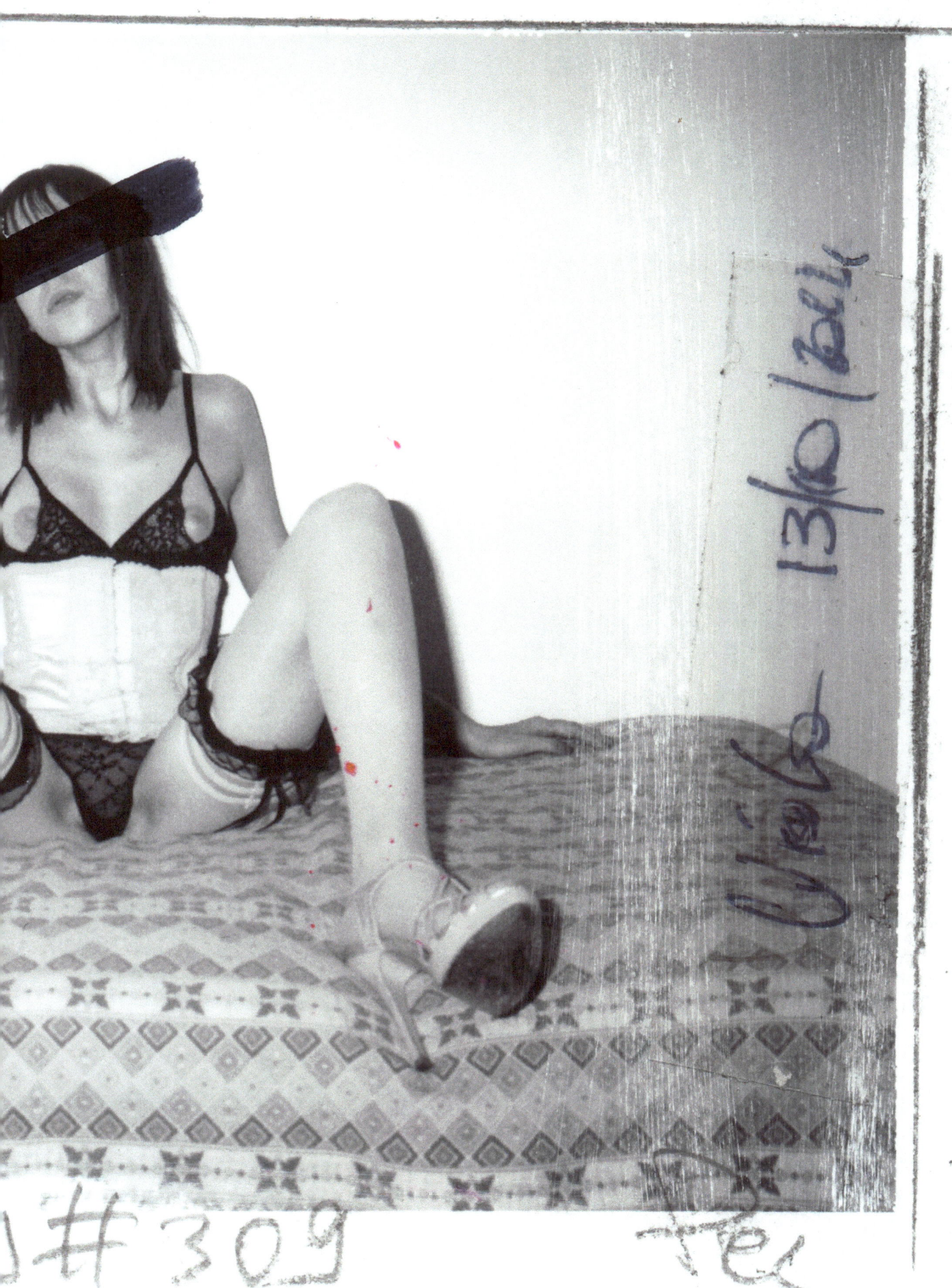

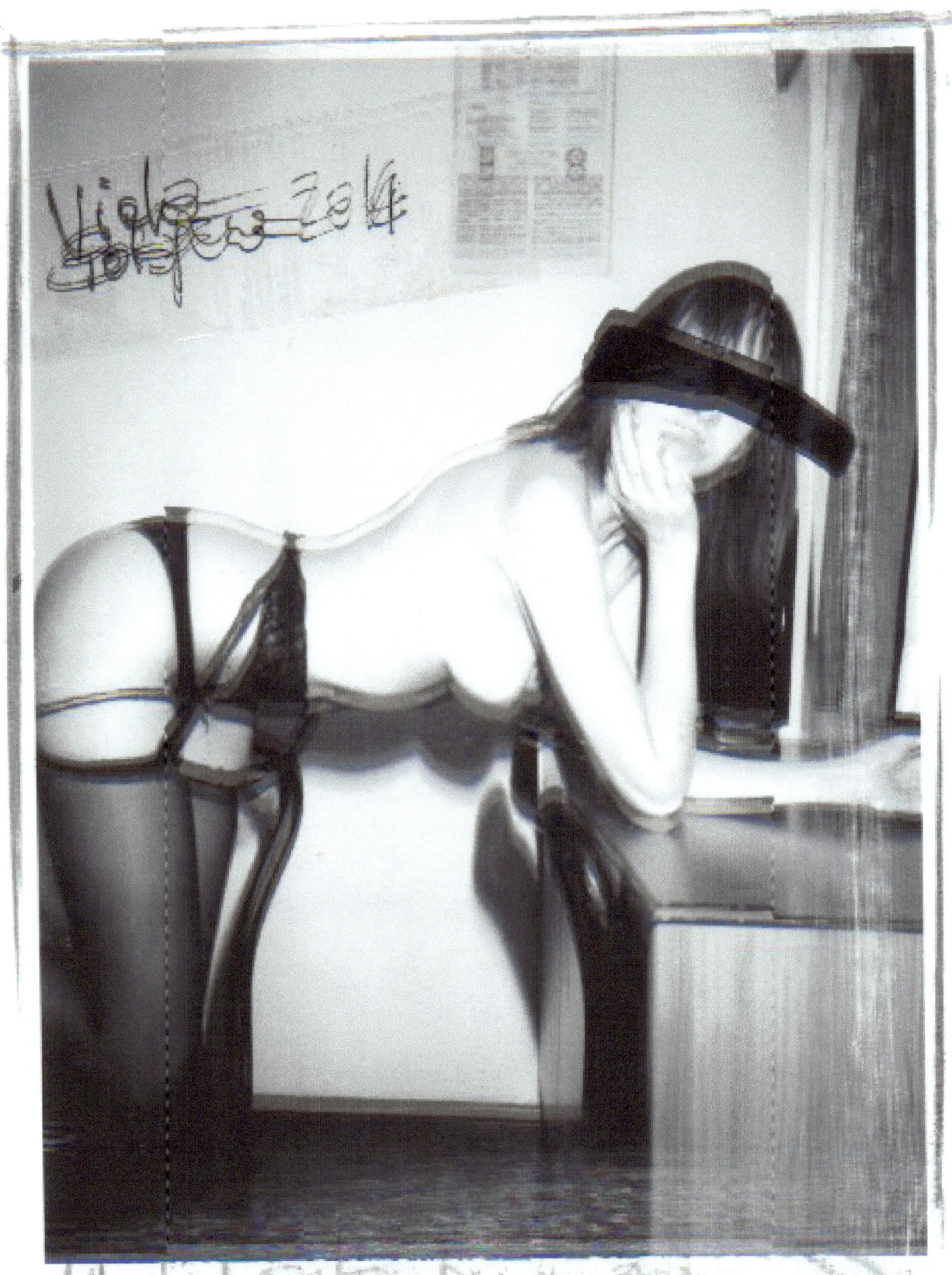

BIO

After arts' studies, mentored by eminent artists, such as Piero Manai and Maurizio Montanari, Daniele stepped into photography as press photographer, following Formula1, MotoGP, and International Rally races, that he carried on for more than 10 years.

After a short pause, he backed into photography in fashion and commercials' field, with some of his works published on MarieClaire, Glamour, Cosmopolitan, and others used in the Pavarotti International festival.

He worked for 4 years for Playboy Italia and CaféRacer France.

Beside his job, Daniele has always used photography as an art form, melting it with different visual techniques, with a physical approach to the print itself, and experimenting various types of materials and their manipulation. Inspired by artists like Nino Migliori, and Manai himself, since the beginning (back in the 70s'), he started using instant films, and RankXerox copy-machines, with an innovative approach to photography for the time.

Daniele was particularly attracted by Polaroid films, that he used in a way between photography and painting, with creations not that far from dadaism or even impressionism.. and they were even instantaneus!

So, at the sad news of the Polaroid plants' closure, in 2008, Daniele founded Polaroid Art Italy, the first Italian social group of instant photographers, which he lead and coordinated till 2014, organising nuomerous meetings, exhibitions, and always trying to disseminate his very first passion: instant photography.

2002 - pubblicazione del libro fotografico SHANGAI SEDUCTION per WELLA e OREA MALIA'
2002 - personale "SELFPORTRAITS" galleria il Navile - Bologna
2003 - personale "SELFPORTRAITS" galleria StileLibero - Bologna
2003 - vincitore del concorso "fotografia sperimentale" Poesia e Immagine - Pisa
2003 - personale "IMMAGINI" galleria PiazzaAldrovandi - Bologna
2004 - collettiva "GRUNGE ART" galleria La Spina - Pisa
2004 - personale "ALTER EGO" al FelliniScalino 5 - Ravenna
2004 - personale "ALTER EGO" Oltrecafe' - Modena
2005 - personale "INFERNI" galleria StileLibero - Bologna
2005 - collettiva "SUMMERTIME" Galleria D'Arte 18 - Bologna
2005 - collettiva "INCONTRI 2005" Centro di Arte Moderna - Pisa
2005 - MALPENSA ARTE FIERA - c/o Galleria D'Arte 18
2006 - VISAGE - c/o Galleria Immagini - Cremona
2006 - presente a VERNICE ART FAIR - Forlì
2006 - "TAROCCHI i 22 arcani maggiori" c/o GALLERIA LA FORNACE - Rastignano
2006 - "IL BIANCO E IL NERO" - c/o Galleria GARD - Roma
2006 - "ARTEARREDO" Galleria d'Arte 18 via San Felice 18 Bologna
2006 - "I SEGNI DEL NUOVO MILLENNIO" Sala Eventi della Mondadori – San Marco Venezia
2006 - "CONTEMPORANEA" salone d'arte moderna Forlì
2006 - "DE HUMANA NATURA" Galleria d'Arte IL CEPPO Abbadia San Salvatore (SI)
2007 - "I LUOGHI DELL'ANIMA" Galleria VIAMAESTRA 114 Poggibonsi (SI)
2007 - StArt Biennale P.zza San Marco, 1345 - Venezia
2007 - Padova ART FAIR - Prato della Valle Padova
2007 - ArtePortici - Strada Maggiore Bologna
2007 - StArt 3 P.zza San Marco, 1345 - Venezia
2007 - CONTEMPORANEA ART FAIR - Forlì
2007 - SECRET ART FAIR - Berlin
2007 - L'Ibridazione/Libri d'Azione - c/o GALLERIA LA FORNACE - Rastignano Bologna
2008 - Tickl-Magazine #3 - Belgium
2008 - PosSesso CORPO & OSSESSIONI - Venezia
2008 - NU - PhoTO35 - Torino
2008- LE CITTA' IN VISIBILI*O - Loggia Della Fornace - Bologna
2008 - LETTURA FRESCA - Museo Medievale - Bologna
2009 - UN GIRO DI DANZA - GALLERIA LA FORNACE - Rastignano Bologna
2009 - PRIVATE POLAROID - Spazio TREVES - Bologna
2009 - Fantomas Omaggio a Magritte - Fantomars Bologna
2010 - VERNICE ART FAIR – Forlì
2010 - GENTLEMEN TAKE POLAROIDS - Mestre (VE)
2011 - NOSPACE - Fantomars, Bologna
2011 - POLAROID ANDROID - Venezia
2011 - ANALFABET.ART - Quartu S. Elena (CA)
2011 - VERNICE ART FAIR – Forlì
2011 - LISBOA CONNECTION - Lisbona
2012 - VERNICE ART FAIR – Forlì
2012 - MEMENTO - Treviso
2012 - MEMENTO - Padova
2012 - CORPI E ANTICORPI - SIFEST Savignano Rubicone (FO)
2013 - VERNICE ART FAIR – Forlì
2014 - PROJECT 192 - Madrid - Roma - Padova - San Marino
2014 - VERNICE ART FAIR – Forlì
2015 - VERNICE ART FAIR – Forlì
2015 - GALERIE LE QUAI "Motel Stories" - Montelimar (FR)
2015 - MINNESOTA 051 - Santevincenzidue (BO)
2016 - NON RACCONTARMI IL TUO SILENZIO - Galleria Lavi Roma
2017 - NON RACCONTARMI IL TUO SILENZIO - Spazio Project Bologna
2018 - EXPOLAROID - Nimes (FR)
2019 - MOTEL STORIES - Polaroid Festival Barcellona (E)

WWW.DANIELEPEZZOLI.COM

www.ingramcontent.com/pod-product-compliance
Lightning Source LLC
Chambersburg PA
CBHW051936210526
45473CB00006B/2264